전명철

인문계 고등학교 재학중 단순히 노래를 계속하고 싶은 학과를 찾다가 덜컥 성악을 시작하고 독일 유학길에 올랐다. 독일에서 학교 졸업 이후 건강 악화로 프로연주자의 삶을 접고 귀국 후 친구의 권유로 금융업에 발을 들여 놓았다. 수 많은 금융 상담을 진행하면서 돈 문제는 '숫자만 바라본다고 해결 되는건 아니구나' 깨닫게 된다. 이후 각 개인의 '감정'과 '정서'로 돈 문제를 들여다 보기 시작했고 사람들에게 새로운 해법을 제시하며 돈문제 해결을 도왔다. 현재는 AI에 깊이 빠져 AI로 이미지와 영상 제작, 글도 쓰고, 앱 개발도 도전 중이다. 저서로는 『돈의 흐름을 바꿔라 나만의 금융 해방 가이드』와 공저 『PROMPT ARCHIVE BOOK』가 있다.

지하철에서 끝장내는
행복 부자 가이드

| 프롤로그 | 돈, 감정의 거울 | 4 |

1장 | 내 돈은 다 어디로 갔을까?   9

   소비를 결정하는 버튼, 감정
   내 소비 흐름 직접 들여다보기
   작은 기록, 큰 변화

2장 | 티끌 모아 태산? NO! 습관 모아 목돈!   19

   '그깟 몇천 원'의 함정
   사례 1: 커피 한 잔 값의 진짜 가치
   사례 2: 배달앱 대신 나를 채우는 시간
   사례 3: 잠자는 구독료, 돈 보물찾기
   습관이 바꾸는 미래, 눈덩이 효과

3장 | 자동저축, 미래의 나에게 보내는 선물   26

   자동이체의 마법
   사례: 지영 씨의 작은 시작이 만든 기적
   금액보다 더 중요한 '저축하는 나'를 만드는 과정

4장 | 만 원으로 시작하는 투자 놀이터　　　　　　　　　　　　　31

　　투자는 어려운 게 아닙니다, 낯설 뿐입니다
　　아니, 그냥 저축만 하면 안 될까요?
　　투자 놀이터 입장 전, 꼭 기억할 안전 수칙 3가지
　　초보자를 위한 놀이기구 BEST 5
　　첫걸음이 가장 중요합니다

5장 | 돈, 잘 쓰는 게 진짜 재테크다!　　　　　　　　　　　　　41

　　잘 쓰는 것도 능력입니다
　　감정이 만든 소비, 계획이 만든 소비
　　소비에도 '기획'이 필요하다
　　오늘의 작은 실천 '좋은 소비 리스트'를 만들어보세요

6장 | 기록이 미래를 만든다　　　　　　　　　　　　　　　　46

　　종이 한 장의 힘 — 내 돈의 지도를 그리다
　　별 하나로 기록하는 마음의 날씨
　　30분 초안, 그리고 7일간의 정리
　　숫자가 아니라 삶을 설계하는 감각
　　기록이 만든 변화의 순간

에필로그 | '나답게 돈 쓰기'라는 작은 혁명　　　　　　　　　54

특별부록　　　　　　　　　　　　　　　　　　　　　　　57

― 프롤로그 ―

돈, 감정의 거울

재테크라고 하면 사람들은 보통 '주식으로 몇억 벌었다', '부동산 투자로 인생 역전했다' 같은 아주 크고 화려한 성공담을 떠올립니다. 그런 이야기를 들으면 '나는 언제 저렇게 되나' 싶은 마음이 들고, 어쩐지 나와는 상관없는 남의 이야기처럼 느껴지기도 합니다.

하지만 진짜 재테크는 그런 거창한 투자보다 아주 작은 습관에서 시작됩니다. 매일 아침 습관처럼 사 마시는 5,000원짜리 커피, 저녁이면 어김없이 누르는 배달 앱, 그리고 한두 번 경험해 보고 잊고 지내는 정기 구독 서비스. 바로 이런 것들이 모여서 우리의 재무 상태를 만듭니다. 그리고 이 작은 습관들이 쌓여 10년 뒤, 20년 뒤 나의 미래를 바꾸게 됩니다.

제가 지난 8년 가까이 수많은 사람들과 금융 상담을 진행하며 깨달은 것이 하나 있습니다. 돈은 단순한 숫자가 아니라는 사실입니다. 돈은 내 감정과 정서를 아주 정직하게 비추는 '거울'입니다.

기분이 안 좋은 날, 나도 모르게 쇼핑 앱을 켜고 있진 않으신가요? 미래가 불안할 때는 왠지 든든해 보이는 보험 상품에 마음이 흔들리기도 하죠. 반대로 즐겁고 설레는 마음일 때는 친구들과의 여행이나 새로운 배움에 과감하게 돈을 쓰기도 합니다. 결국 '돈을 어떻게 다루는가?'라는 문제는, 곧 '내 인생의 방향키를 어떻게 잡고 있는가?'라는 질문과도 같습니다.

한 번은 이런 상담 대상자가 있었습니다. 그분은 매달 월급날이 되면 카드값과 공과금을 내고 나면 남는 게 없어 늘 적자라고 했습니다. 생활비를 아끼고 또 아껴도 도무지 돈이 모이지 않는다며 힘들어하셨죠. 그래서 그분과 함께 지난 세 달간의 지출 내용을 하나씩 살펴보기로 했습니다. 그랬더니 놀라운 사실이

드러났습니다. 월급의 3분의 1이 '스트레스 해소 비용'으로 빠져나가고 있었던 겁니다. 야근 후 지친 마음에 시켜 먹는 치킨과 맥주, 직장 상사에게 혼난 뒤 기분 풀려고 사는 옷과 화장품, 주말의 허전함을 달래려고 나가는 즉흥적인 쇼핑. 이것들이 바로 적자의 주범이었습니다.

저는 그분께 "지출을 줄이세요"라는 뻔한 말 대신 이렇게 말씀드렸습니다. "이건 돈의 문제가 아니라 마음의 문제입니다. 지금 선생님의 마음을 돌보는 방법이 조금 비싼 것뿐이에요. 마음을 돌보는 방법을 바꾸면, 돈은 저절로 따라올 거예요." 그리고 다시 여쭤보았습니다.

"언제 가장 기분이 좋고 뿌듯한 감정이 드시나요?"

그분은 이렇게 말했습니다. "뭔가 사소한 일이라도 내가 스스로 해냈을 때요. 눈에 보이는 어떤 결과가 있을 때요."

그래서 우리는 스트레스 해소하는 방식을 '소비'에서 '성취'로 바꿔보기로 했습니다. 일주일에 2~3번, 아주 가벼운 운동을 하고 달력에 스티커를 붙이기로 했습니다. 운동을 얼마나 열심히 했는지는 중요하지 않았습니다. '운동화 신고 나가기만 하면' 성공이었습니다. 독서도 마찬가지였습니다. 하루에 몇 쪽을 읽겠다는 계획 대신, '10분 동안 책을 펼치기만 해도' 성공으로 정했죠.

그리고 저는 그 작은 성공들에 대해 정말 진심을 담아 칭찬했습니다. 그분이 스스로 '잘하고 있다'라는 기분을 느낄 수 있도록 말이죠.

몇 달이 지나자 신기한 일이 벌어졌습니다. 운동과 독서라는 작은 성공의 경험이 반복되자, 더 이상 비싼 소비로 스트레스를 풀 필요가 없어졌던 겁니다. 자연스럽게 충동구매와 배달 음식 주문이 줄어들었고, 마침내 통장의 적자가 사라졌습니다.

어떠신가요? 이분의 사례를 보니, 돈 문제가 단순히 쓰고 모으는 기술만으로 해결되는 게 아니라는 점이 느껴지시나요?

억지로 절약하려 하면 금세 지치고, 무리해서 투자하면 더 큰 상처를 남기기 쉽습니다. 하지만 내 감정과 습관을 먼저 이해하고, 나만의 방식으로 돈을 다루기 시작하면, 소소한 변화가 쌓여 정말 큰 결과를 만들어냅니다.

    이 책은 바로 그 '소소하지만, 강력한 변화의 힘'에 대한 이야기입니다. 이제부터 우리는 숫자와 기술이 아니라, 당신의 이야기와 습관으로 진짜 재테크를 배워볼 겁니다. 이 책이 당신의 삶에 작은 불씨가 되어, 내 돈과 내 감정을 새로운 눈으로 바라보게 만드는 계기가 되기를 진심으로 바랍니다.

1장

내 돈은 다 어디로 갔을까?

 월급날 통장에 찍힌 숫자를 보며 '이번 달엔 정말 아껴 써야지' 다짐했던 경험, 다들 있으시죠? 그런데 며칠 지나지 않아 통장 잔액은 바닥을 보이고, 우리는 어김없이 이렇게 말하곤 합니다.

 "나는 월급이 너무 적어서 돈을 모을 수가 없어"

 정말 그럴까요? 우리의 돈 문제는 정말로 돈이 '얼마 없어서'일까요, 아니면 내 돈이 '어떻게 쓰이는지 몰라서'일까요?

 많은 사람들이 "수입이 적어서 돈 관리할 게 없어요"라고 말합니다. 하지만 우리가 정말 관리할 돈이 하나도 없을까요? 한 달이 지나고 보면 내가 쓴 돈은 분명히 존재하잖아요. 바로 그겁니다! 내 돈이 어디로 흘러가고 있는지를 아는 것, 그리고 어디로 흘러가게 할지를 결정하는 것이 바로 '돈 관리'고 조금 더 전문적인 표현으로 '재무 관리'라고 부릅니다.

그 다음 단계가 바로 '재테크'입니다. 단순히 모으기만 하는 것이 아니라, 그 돈을 나에게 맞는 방식으로 잘 불려 가는 일이지요.

그렇다면 진짜 문제는 무엇일까요? 사실 많은 사람들이 내가 어떤 마음으로, 어떤 상황에서 돈을 쓰고 있는지조차 모르고 있다는 점입니다.

소비를 결정하는 버튼, 감정

평범한 직장인 미영 씨가 있습니다. 이번 주에 아주 근사한 양가죽 재킷을 하나 샀습니다. 그런데 집에 걸려있는 양가죽 재킷을 보며 문득 이런 생각이 들었습니다.

'내가 이걸 왜 샀지?'

사실 그 주에 미영 씨는 직장에서 정말 힘든 시간을 보냈습니다. 야심차게 준비했던 보고서는 반려되고, 팀장에게 사람들 앞에서 크게 혼이 나기도 했죠. 자존감은 바닥을 쳤고, 퇴근길 발걸음은 천근만근 무거웠습니다. 친구와 같이 맥주 한잔하고 싶었지만, 친구는 야근이라고 해서 어쩔 수 없이 집에 가야겠다 생각했습니다.

결국 그렇게 터덜터덜 혼자 걷다가 기분이라도 풀 겸 백화점에 들렀습니다. 처음부터 무언가를 살 생각은 아니었지만, 그냥 예쁜 것들을 보면서 상처받은 마음을 달래고 싶었을 뿐이었죠. 그런데 그때, 미영 씨의 눈에 문구 하나가 들어왔습니다.

'단 3일, 오늘까지 80% 할인' 원래 210만 원짜리 양가죽 재킷이 42만 원이라는 가격표가 붙어 있는 걸 본 순간, 미영 씨의 머릿속에서는 이런 생각이 스쳐 지나갔습니다.

'168만 원이나 할인이라고?!', '오늘 지나면 원래 가격인 210만 원 주고 사야 하는 거네.'

왠지 이건 지금 안 사면 손해라는 생각이 들었습니다. 평소 이런 게 하나쯤 있으면 좋겠다는 생각이 갑자기 듭니다. 점원이 한번 입어만 보라고 해서 그냥 입어봤습니다. 가죽이 엄청 부드럽고 좋다는 생각이 들었습니다. 그런데 오늘 꼭 뭘 사려고 백화점에 온 건 아니라서 고민하고 있는데 직원이 마법의 문장을 말합니다.

"이거 6개월 카드 무이자도 되니까 이번에 돈 벌어가세요! 다음에 오시면 이 가격에 못 사요."

다음에 오면 210만 원, 지금은 42만 원에 살 수 있고 오늘 힘든 하루를 보내고 온 나에게 이 정도 보상은 괜찮을 것 같다는 생각이 들었습니다. 6개월 할부로 하면 부담도 없을 것 같기도 하고요. 그래서 미영 씨는 바로 카드를 꺼내고 결제했습니다.

어떠세요? 상황이 잘 이해 되시나요? 이것이 바로 행동 경제학에서 말하는 '앵커링 효과'와 '손실 회피 심리'의 대표적인 예입니다. '210만 원'이라는 기준점(앵

커)에 생각이 고정되는 순간, 42만 원이라는 미리 계획하지 않은 지출의 크기보다 '168만 원 이득이다'라는 착각이 강하게 작용하는 것이죠. 그리고 '이 기회를 놓치면 손해'라는 생각이 들게 되고, 지금의 손실 상황을 피하고 싶은 마음이 들게 됩니다.

연구에 의하면 사람들은 이익의 기쁨보다 손실의 고통을 4배 더 느낀다고 합니다. 그러니 심리적으로는 손해 볼 것 같은 불안감이 우리의 지갑을 열게 하는 더 강한 동기가 되는 셈이죠.

하지만 여기서 끝이 아니었습니다. 멋진 재킷을 사서 신나게 집에 오니, 그에 어울리는 치마와 가방이 없다는 것을 깨달았습니다. 결국 노트북을 열고 자주 들어가는 쇼핑몰에서 어울리는 치마와 가방까지 구매합니다. 결국 재킷으로 시작해 치마, 가방까지 계획하지 않은 돈을 다 써버리고 말았습니다. 이것이 바로 '꼬리에 꼬리를 무는 소비', '디드로 효과(Diderot Effect)'입니다.

아주 멋지고 고급스러워 보이는 진홍색 실내 가운을 선물 받은 철학자 디드로가 그 가운을 아주 마음에

들어 했습니다. 문제는 가운에 어울리지 않는 집안의 물건들이었죠. 그래서 실내등, 책상, 커튼 등 오래된 집안 물건들을 가운과 어울리는 새것으로 교체해 버립니다. 뒤늦게 자신의 공간이 낯설게 느껴지게 되면서 불필요한 지출이었음을 깨닫게 되죠. 그의 에세이에서 그는 이렇게 고백합니다. "나는 예전 가운의 주인이었지만, 이제는 새 가운의 노예가 되었다."

자, 어떠신가요? 미영 씨의 이야기가 남 일처럼 들리지 않으시죠? 이처럼 우리의 소비는 '진짜 필요한가?'라는 질문보다, '내가 지금 어떤 감정 상태에 있는가?'에 따라 결정되는 경우가 훨씬 더 많습니다. 그리고 이 감정을 건드리는 마케팅 문구로 기업들은 우리의 지갑을 끊임없이 열려고 노력합니다.

내 소비 흐름 직접 들여다보기

그래서 중요한 건 단순히 "오늘부터 절약하자!"라고 결심하는 게 아닙니다. 그런 결심은 3일도 채 못 가죠. 가장 먼저 해야 할 일은, 내 돈이 어떻게 흘러가고 있는지, 그리고 그 흐름 속에 어떤 감정이 숨어 있는지를 직접 확인해 보는 것입니다.

이때 우리가 사용할 수 있는 가장 강력한 도구가 바로 '지출 점검표'이고 저는 '머니맵(Money Map)'이라고 부릅니다. 내 돈의 발자취, 지도니까요. 머니맵은 단순히 '얼마 썼다'를 적는 가계부와는 다릅니다. 지난 한 달간 내가 어디에 돈을 썼는지를 항목별로 기록하고, 그 소비가 나에게 어떤 감정과 만족감을 남겼는지를 함께 적는 일종의 '마음 가계부'입니다.

예를 들어, 식비로 10만 원을 썼다고 합시다. 단순히 '10만 원 지출'이라고만 쓰는 것이 아니라, "야근하고 너무 힘들어서 위로받으려고 시켰지만, 먹고 나니 더부룩하고 후회됨" 혹은 "오랜만에 만난 친구와 정말 즐거운 시간을 보냄. 전혀 아깝지 않았음!"처럼 감정을 기록하는 것이 핵심입니다. 이런 기록을 통해 우리는 그동안 숫자에 가려 보지 못했던 진짜 마음을 마주하게 됩니다.

· 지출 점검표(머니맵) 예시

항목	지난달 지출액	만족도 (★1~5)	메모 (감정·상황)
배달 음식	₩150,000	★★☆☆☆	스트레스 받아 폭식. 먹을 땐 좋았지만 죄책감 남음.
교통비	₩80,000	★★★☆☆	어쩔 수 없는 필수 지출.
온라인 쇼핑 (옷)	₩200,000	★☆☆☆☆	'오늘만 특가'에 넘어감. 막상 받아보니 별로.
친구와 뮤지컬	₩80,000	★★★★★	너무 행복한 경험. 전혀 아깝지 않았음.
영어 강좌	₩150,000	★★★★★	투자처럼 느껴짐. 나를 위한 가치 있는 소비.

이 과정을 거치면서 미영 씨는 자신의 소비를 객관적으로 돌아볼 수 있었습니다. 충동적으로 지출했던 순간과, 진심으로 만족을 느낀 소비가 뚜렷하게 구분되기 시작한 것이죠.

그 결과 미영 씨는 스스로 소비 방향을 다시 설계하기로 했습니다. 후회만 남는 소비는 줄이고, 오히려 행복과 성장을 더하는 소비에는 더 과감하게 지출하기로 마음먹은 것입니다.

이처럼 '내 소비 흐름과 감정을 되돌아보는 과정'에서 진짜 변화가 시작됩니다. 억지로 소비를 줄이는 것이 아니라, 나를 위한 소비는 유지하고, 나를 힘들게 하는 소비를 덜어내는 것. 이것이 바로 핵심입니다.

작은 기록, 큰 변화

처음에는 이런 기록이 번거롭고 귀찮게 느껴질 수도 있습니다. 하지만 딱 일주일만 해보면 놀라운 발견을 하게 됩니다.

'나는 왜 유독 배달 앱에 돈을 많이 쓰지?
→ '아, 내가 피곤할 때마다 음식으로 보상하려 했구나.'
'내가 생각보다 책이나 강의에 잘 투자하네.'
→ '이건 칭찬받아 마땅한 나의 좋은 소비패턴이네.'

이런 깨달음이 하나둘씩 쌓이게 되면, 그것은 단순한 '돈 관리'가 아니라 '나를 더 깊이 이해하는 시간'이 됩니다. '소소한 재테크'는 이렇게 출발합니다. 내 돈의 흐름을 이해하고, 내 감정을 기록하는 것. 이 작은 실천만으로도, 당신은 이미 재테크의 절반은 성공한 셈입니다.

이제 당신은 더 이상 돈에 끌려다니는 사람이 아니라, 돈의 흐름을 읽고, 스스로 방향을 정할 줄 아는 '주인'이 될 준비를 마친 것입니다.

2장

티끌 모아 태산? NO!
습관 모아 목돈!

1장에서 우리는 '머니맵'을 통해 내 돈이 어디로, 어떤 감정과 함께 흘러가는지를 들여다보았습니다. 아마 많은 분이 지출 내용을 정리하면서 이런 생각을 하셨을 겁니다.

"내 돈을 잡아먹는 범인은 거창한 한방 소비가 아니라, 매일 반복되는 아주 사소한 습관이었구나!"

맞습니다. 돈 관리는 거대한 댐을 쌓는 공사가 아닙니다. 졸졸 흐르는 시냇물의 방향을 살짝 바꾸는 것과 같습니다. 큰 결심이 아니라, '작은 습관'에서 모든 것이 시작됩니다. 몇천만 원, 몇 억을 한 번에 모으는 게 아니라, 하루하루 생활 속에서 반복되는 '작은 선택'들이 모여 나의 재무 습관을 만들고, 결국 통장의 숫자를 바꿉니다.

'그깟 몇천 원'의 함정

어떤 사람들은 이렇게 말합니다.
"고작 몇천 원 아껴서 언제 부자 되냐고요. 그 정도 즐거움까지 포기하고 싶진 않아요."
일리 있는 말입니다. 재테크가 내 삶을 불행하게 만들어서는 안 되지요. 하지만 여기서 꼭 한번 짚어봐야 할 질문이 있습니다. '혹시 무의식적인 습관을 행복이라고 착각하고 있지는 않을까?' '하루 한 잔의 커피', '귀찮을 때의 배달 음식', '무의식중 결제된 구독료' 같은 습관은 잠깐의 편안함과 만족을 줄 수 있지만, 그것이 진짜 나를 위한 행복인지, 아니면 익숙한 중독인지 되물어볼 필요가 있습니다.

지금부터 우리는 '습관이 만드는 변화'가 얼마나 클

수 있는지를 하나씩 확인해 볼 겁니다.

✅ 사례 1: 커피 한 잔 값의 진짜 가치

하루 커피 한 잔, 5,000원을 줄인다고 가정해 볼게요.

- 한 달이면 약 15만 원
- 1년이면 약 180만 원
- 10년이면 무려 1,800만 원

 어떠세요? 고작 5천 원이라고 생각했던 금액이, 시간의 힘을 만나니 꽤 묵직하게 느껴지지 않으시나요? 1년이면 동남아 여행 경비가 되기도 합니다. 여기서 중요한 건 단순히 "커피값을 아껴라." 가 아닙니다. '나는 커피 365잔의 즐거움과 동남아 여행의 즐거움 중 무엇을 더 원하는가?'를 묻는 소비 **우선순위의 확인**입니다.

 게다가 방법은 얼마든지 있습니다. 텀블러에 직접 내린 커피를 담아 나가거나, 회사에 있는 커피 머신을 활용하면 됩니다. 그렇게 작은 습관 하나만 바꿔도, 돈의 흐름은 '카페 지출'에서 '여행 자금'으로 슬쩍 바뀔 수 있습니다. 이런 게 바로, '티끌 모아 태산'이 아니라 '습관 모아 목돈'입니다.

◉ 사례 2: 배달 앱 대신 나를 채우는 시간

스트레스가 쌓이거나 몸이 피곤할 때, 우리는 습관처럼 배달 앱을 켭니다. 손가락 몇 번만 움직이면 따뜻한 음식이 문 앞까지 오니까요. 정말 편리하죠.

하지만, 이 편리함에는 제법 큰 대가가 따라옵니다. 음식값에 배달비, 플랫폼 수수료까지 더해지면 한 끼에 2~3만 원이 훌쩍 나갑니다. 그리고 자극적인 음식은 몸에도, 지갑에도 별로 좋지 않죠.

1장에서 살펴봤듯이, 많은 경우 배달 음식은 '후회만 남는 소비'가 되기 쉽습니다. 그렇다면 이 습관을 어떻게 바꿀 수 있을까요? 주말에 30분 정도 투자해서 냉동실에 잘게 나눠 둘 수 있는 볶음밥 재료를 미리 준비하거나, 간단한 밀키트 혹은 반찬가게에서 반찬을 몇 개 갖춰두는 겁니다.

중요한 건, 배달 앱보다 유용하고 좋은 대안을 만들

어두는 것입니다. 어떤 분은 이 과정을 통해 이런 사실을 깨달았습니다. "나는 음식을 먹는 것보다, 직접 만들어내는 과정에서 훨씬 더 큰 만족감과 성취감을 느끼는 사람이구나." 직접 장을 보고, 손으로 무언가를 완성했을 때의 뿌듯함이 배달 음식의 순간적 쾌락보다 오래 남았다는 것이죠.

이처럼 작은 습관의 변화는 단순한 절약이 아니라, 돈으로 살 수 없는 '성취감', '건강', '자존감'이라는 더 큰 가치를 선물해 주기도 합니다.

◉ 사례 3: 잠자는 구독료, 돈 보물찾기

무심코 결제해 두고 제대로 쓰지 않는 구독 서비스, 혹시 있으신가요?

- 한두 번 보고 마는 OTT
- 등록만 해두고 안 가는 헬스장
- 자동으로 빠져나가는 뉴스레터나 정기 결제 서비스

이런 것들이 의외로 많습니다. 그리고 '정기 지출'이

라는 이름으로 조용히 내 돈을 삼키고 있지요. 지금 바로 스마트폰 앱스토어나 카드사 앱에 들어가 '자동 결제' 또는 '정기 결제' 내용을 확인해 보세요. 그 리스트를 하나씩 정리해 보는 것만으로도 마치 디지털 대청소를 한 것처럼 개운함을 느낄 수 있을 겁니다.

휴대전화 요금은 어떤가요? 주로 내가 머무는 공간이 와이파이가 잘 되는 공간이고 굳이 무제한 요금제를 쓰지 않아도 되는 상태면, 혹은 처음 휴대전화 바꿀 때 가입되어 있던 부가서비스를 귀찮아서 아직도 해지 안 한 상태라면 어떤가요?

더 이상 나에게 의미 없는 구독 서비스들을 끊어내면, 적게는 1~3만 원, 많게는 10~20만 원 정도 '숨겨진 돈'이 생겨납니다. 이렇게 찾아낸 돈은 말 그대로 '꽁돈'처럼 느껴질 수 있습니다. 그리고 이 돈은 다음 장에서 배울 '자동 저축'이나 '소액 투자'를 시작하는 아주 훌륭한 종잣돈이 됩니다.

습관이 바꾸는 미래, 눈덩이 효과

 소소한 습관은 단순히 돈을 아끼는 행위가 아닙니다. 내 삶을 관리하는 법을 배우고, 다시금 삶의 통제권을 되찾는 과정입니다. 하루 5,000원씩 절약하는 습관이, 어느새 연 180만 원을 만들어냅니다. 작은 배달 절제가 건강과 체중을 지켜줍니다. 자동결제 해지를 통해 새로 시작한 소액 투자가 미래의 자산이 됩니다.

 매일의 작은 선택들이 쌓여 결국 큰 변화가 만들어지는 것. 이것이 바로 '눈덩이 효과'입니다. 처음에는 의식적인 노력이 필요하지만, 일단 굴러가기 시작하면 관성의 힘으로 점점 커집니다. 억지로 참고 인내하는 게 아니라, '나를 더 아끼고 돌보는 방향'으로 돈의 흐름을 바꾸는 것. 그것이 바로 소소하지만 가장 강력한 재테크, '나 다운 돈 쓰기'입니다.

3장

자동 저축,
미래의 나에게 보내는 선물

많은 사람들이 이렇게 말하곤 합니다.

"저축은 여윳돈이 있어야 시작할 수 있는 거 아닌가요?" 그리고 이렇게 덧붙입니다.

"이번 달엔 경조사가 많아서 어렵고, 다음 달에 보너스 받으면 그때부터 시작해 볼게요."

하지만 안타깝게도 이런 식으로는 평생 저축을 시작하지 못할 가능성이 큽니다. 왜냐하면 '여윳돈'은 절대 저절로 생기지 않기 때문입니다. 수입이 늘어나면 그만큼 지출도 자연스레 늘어나기 마련이고, 우리는 또

다시 "지금은 때가 아니야"라는 말을 반복하게 되죠. 진짜 저축의 핵심은 금액의 크기가 아닙니다. 핵심은 꾸준함입니다. 그리고 그 꾸준함을 만드는 가장 강력한 방법은 내 의지를 믿는 게 아니라, '자동화 시스템'을 만드는 것입니다.

자동이체의 마법

은행 앱을 여는 데 1분도 채 걸리지 않습니다. 지금 당장 앱을 열어 '자동이체' 메뉴를 찾아보세요. 그리고 월급날 또는 그다음 날에 일정 금액이 월급 통장에서 저축 통장으로 빠져나가도록 설정해 보세요.

이 간단한 설정 하나가 놀라운 마법을 만들어냅니다. 이건 마치 '지금의 내가 미래의 나에게 보내는 선물' 같은 것입니다. 오늘 내가 아낀 커피 한 잔 값이, 1년 뒤 또는 5년 뒤 나에게 뜻밖의 선물이 되어 돌아오게 되는 것이죠. '눈에 안 보이니 안 쓰게 된다'는 단순한 원리가 생각보다 훨씬 강하게 작용합니다.

돈이 한 번 저축 통장으로 빠져나가면, 그 순간부터

우리는 그 돈을 '쓸 돈'이 아니라 '건드려선 안 되는 돈'처럼 인식하게 됩니다. 이런 심리적 상황을 '마음속의 심리 계좌'라고 합니다.

이것이 바로 부자들이 지키는 기본 중의 기본, 바로 '선 저축, 후지출'의 원칙입니다. '남은 돈을 저축하는 것'이 아니라, '먼저 저축하고 남은 예산 안에서 생활하는 습관'을 만드는 것. 이 구조가 결국 재무 상태를 완전히 바꿔놓습니다.

사례: 지영 씨의 작은 시작이 만든 기적

제 고객 중에 지영(가명) 씨라는 분이 있었습니다. 그녀는 항상 "월급이 적어서 저축은 꿈도 못 꿔요"라고 말하곤 했습니다. 저축이라는 단어 자체가 '에베레스트산을 오르는 것처럼 멀게 느껴진다'고 하더군요. 저는 그녀에게 아주 작은 제안을 했습니다.

"하루에 딱 5,000원씩, 일주일에 한 번 35,000원 빠져나가게 자동이체 설정해 보세요. 속는 셈 치고 6개월만 해보는 거예요."

지영 씨는 반신반의하면서도 제 말을 따랐습니다. 일주일에 한 번 35,000원, 한 달에 약 14만 원. 지금까지와는 전혀 다른 돈 관리의 시작이었죠. 처음 한두 달은 별 의미 없어 보였을지도 모릅니다. '이걸로 언제 돈 모으나' 싶기도 했겠죠.

그런데 6개월 뒤, 그녀는 깜짝 놀랐습니다. 통장 안에 84만 원의 돈이 고스란히 쌓여 있었던 겁니다. 물론 84만 원이 어마어마한 액수는 아닐 수도 있습니다. 하지만 지영 씨에게는 단순한 숫자 이상의 의미였습니다. "나도 돈을 모을 수 있는 사람이구나."라는 생애 최초의 성공 경험, 그리고 그것이 만들어낸 '자기 효능감'이었죠.

그 후 그녀는 어떻게 변했을까요? 더 이상 제가 권하지 않아도, 스스로 저축액을 20만 원, 30만 원으로 늘려갔습니다. 저축을 부담이 아닌 자신감으로 받아들이게 된 것입니다.

금액보다 더 중요한 것
: '저축하는 나'를 만드는 과정

 자동 저축에서 가장 중요한 건 액수가 아닙니다. 하루에 1,000원이라도 괜찮습니다. 1,000원씩 모으면 1년이면 365,000원, 5년이면 1,825,000원입니다. 거기에 이자까지 붙으면 더 늘어나겠죠.

 하지만 숫자보다 더 큰 자산은, '나는 저축을 실천하는 사람이다'라는 자기 인식의 변화입니다. '나는 돈 관리도 못 하고 의지도 약한 사람이야'라는 부정적인 이미지 대신, '나는 매일 조금씩이라도 미래를 위해 투자하는 기특한 사람이야'라는 이미지가 심어지면 그 자체가 엄청난 동력이 됩니다. 그러면 신기하게도 더 잘 모으고 싶어지고, 돈을 대하는 태도 자체가 바뀌기 시작합니다.

4장

만 원으로 시작하는
투자 놀이터

 이제는 조금 더 재미있는 놀이를 배워볼 차례입니다. 바로 '투자'라는 이름의 놀이터입니다.

투자는 어려운 게 아닙니다, 낯설 뿐입니다.

 '투자'라는 단어를 들으면 어떤 생각이 떠오르시나요? 빨갛고 파란 그래프가 요동치는 차트, 알아듣기 어려운 경제 용어, '잘못하면 전 재산을 날리는 건 아닐까?' 하는 막연한 두려움… 괜찮습니다. 이런 생각이

드는 건 너무나 자연스럽고 당연한 일입니다.

하지만 우리가 지금부터 시작할 투자는 그런 전쟁 같은 투자가 아닙니다. 큰돈을 벌기 위한 도전도 아니고, 손실 위험을 안고 승부를 보는 것도 아닙니다. 우리가 시작할 투자는 그보다 훨씬 부드럽고 가벼운, '직접 체험하며 감각을 익히는 놀이터 체험'에 가깝습니다. 입장료도 단돈 만 원, 혹은 오천 원이면 충분합니다. 중요한 건 수익을 내는 것이 아니라, '투자란 이런 느낌이구나!' '경기순환이란게 이런 거구나' 몸으로 익히는 것입니다.

아니, 그냥 저축만 하면 안 될까요?

아주 좋은 질문입니다. 저축만으로도 돈을 모을 수 있는데 왜 굳이 투자해야 할까요? 이 질문에 답하기 위해 제가 자주 사용하는 비유가 하나 있습니다.

'당신이 열심히 모은 100만 원은 여름날의 아이스크림과 같습니다.'

겉보기엔 멀쩡하지만, 가만히 두면 점점 녹아 사라

지죠. 눈에 보이는 액수는 그대로인데, 그 돈으로 살 수 있는 물건이나 서비스는 해가 갈수록 줄어듭니다. 예전에 1,000원이었던 아이스크림이 지금은 1,700원이 된 것처럼 말이죠.

 이 현상을 우리는 '인플레이션', 좀 더 쉽게 말하면 '돈의 가치가 떨어지는 현상'이라고 부릅니다. 이럴 때 저축은 아이스크림을 상온에 그냥 두는 것이고, 투자는 아이스크림을 냉동실에 넣어 녹지 않게 지키는 것입니다. 그리고 운이 좋으면, 냉동실 안에서 조그마한 아이스크림이 하나 더 생기기도 하죠.

투자 놀이터 입장 전, 꼭 기억할 안전 수칙 3가지

 본격적으로 놀이터 입장 전에 꼭 알아야 할 '놀이터 안전 수칙'부터 점검해 볼까요?

✅ 1. 스트레칭은 필수입니다. (비상금 먼저 준비하기)
 운동 전에 스트레칭이 필요하듯, 투자를 시작하기

전에는 최소 3~4개월 생활비를 예금이나 CMA 같은 안전한 통장에 마련해 두세요. 이 돈이 있어야 갑자기 돈이 필요해도 투자를 중도에 해지하지 않을 수 있습니다.

✅ 2. 마음 다치지 않을 돈으로만 시작하세요

투자 놀이터의 입장료는 '내가 감당할 수 있는 작은 돈'이어야 합니다. 1만 원, 혹은 5만 원. 이 돈이 반토막이 나더라도 "그래, 수업료로 생각하자!"라고 웃어넘길 수 있어야 합니다.

✅ 3. 한 군데 몰아서 투자하지 마세요 (분산 투자)

'달걀을 한 바구니에 담지 말라'는 말, 들어보셨죠? 놀이터에서도 미끄럼틀만 타면 재미없습니다. 그네도 타보고, 시소도 타보고, 다양한 기구를 경험해 보는 것이 더 즐겁습니다. 이게 바로 '분산 투자'의 기본 원리입니다.

초보자를 위한 놀이기구 BEST 5

 이제 본격적으로 놀이터 안을 둘러볼까요? 초보 투자자를 위한 다섯 가지 안전한 놀이기구를 소개합니다.

✅ 1. [안전지대] CMA 통장
– 그냥 두어도 이자가 쌓이는 똑똑한 주차장
설명: 증권사에서 만든 입출금 통장으로, 하루만 맡겨도 이자 발생
적합 대상: 투자는 아직 무섭지만, 월급 통장에 그냥 두는 건 아까운 분
활용 팁: 비상금 보관 장소로도 제격입니다. RP형, MMW형, MMF형, 발행어음형 등

✅ 2. [체험 코스] 국채·공공채 소액 투자
– 세상에서 가장 안전한 용돈 받기
설명: 대한민국 정부와 지방정부 그리고 공공기관에 돈을 빌려주고 이자를 받는 구조

적합 대상: '원금 손실'이라는 말만 들어도 심장이 철렁하는 분

활용 팁: 요즘은 핀테크 앱에서 1만 원 단위로도 쉽게 체험 가능 (※ 혹은 채권형 ETF로 더 간편하게 시작할 수도 있습니다)

✅ 3. [인기 코스] 적립식 ETF
– 주식 종합 선물 세트를 쇼핑하듯!

설명: 대표 기업들을 묶은 '주식 종합 선물 세트'를 매달 소액으로 살 수 있음

적합 대상: 어떤 주식을 사야 할지 모르겠지만, 한국 경제 전체와 함께 성장하고 싶은 분

활용 팁: 적금처럼 매달 자동 매수 설정도 가능

✅ 4. [재미 코스] 소수점 주식 투자
– 비싼 피자도 한 조각씩!

설명: 애플, 테슬라 같은 비싼 주식을 1천 원, 1만 원 단위로 쪼개서 투자

적합 대상: 좋아하는 글로벌 기업의 '주주 체험'을 해보

고 싶은 분, 경기순환을 경험해 보고 싶은 분

활용 팁: "나도 애플 주주야!"라는 즐거움 + 세계 경제에 자연스러운 관심까지.

✅ 5. [자동 코스] 로보어드바이저
- AI가 차려주는 투자 밥상

설명: 간단한 설문을 바탕으로 인공지능이 자산을 알아서 배분해 주는 서비스

적합 대상: 바쁘거나, 뭘 사야 할지 모르겠는 분

활용 팁: 소액으로도 글로벌 자산 배분 체험 가능

투자 방법	특징	시작 방법
CMA (종합자산 관리계좌)	입금만 해도 하루 단위 이자가 붙는 증권계좌	증권사 앱에서 CMA 개설 후 월급일 자동이체
국채·공공채 소액 투자	국가/공공기관 발행, 안정성이 높음, 이자 지급 경험	증권/핀테크 (카카오, 토스 등) 앱 → 채권 메뉴 → 국채/특수채 선택, 1만 원 단위 매수
적립식 ETF	지수 추종, 특정 섹터 또는 분산 투자 가능	증권사 앱 → ETF 검색 → 정기 적립 설정
소수점 주식	고가 주식도 천원 단위로 매수 가능	증권사/ 핀테크 앱 → 소수점 거래 지원 종목 선택
로보어드 바이저	성향 진단 후 자동 자산 배분	핀테크/증권 앱 → '로보' 메뉴 → 목표·기간 입력

주의 사항	난이도 /추천 대상	앱 화면 흐름 캡션
유형마다 이율·위험 다름	★☆☆ (입문자 /안정형)	[증권사 앱 홈 → 계좌개설 → CMA 선택 → 자동이체 설정
세전·세후 수익률 차이, 중도 매도 시 가격 변동	★★☆ (안정형·초보자)	[앱 홈 → 투자/ 채권 → 상품 상세 → 매수 버튼]
단기 변동성, 장기 보유 필요	★★★ (균형형)	[앱 홈 → ETF 종목 검색 → 정기적립 → 자동 매수 설정]
환율, 거래 시간, 수수료 확인	★★☆ (체험형·MZ세대 /도전형)	[앱 홈 → 주식 → 소수점 거래 → 금액 입력]
운용·자문 수수료, 중간 환매 변동	★★★ (바쁜 직장인 /균형형)	[앱 홈 → 투자 → 로보어드바이저 → 설문 → 자동 투자]

첫걸음이 가장 중요합니다

어떠셨나요? 투자라는 단어가 처음보다는 조금 더 친숙하게 느껴지시나요? 소액 투자에서 가장 중요한 것은 '수익'이 아니라 '감각'입니다. 시장 변동을 체험하면서 내 감정이 어떻게 반응하는지, 나는 안정형인지 도전형인지, 돈이 움직일 때 내가 흔들리는 이유는 무엇인지 이 모든 것을 직접 느껴보는 것이 진짜 투자 수업입니다.

불안이 큰 분이라면 CMA나 채권형 상품부터, 조금 도전해 보고 싶은 분이라면 소수점 주식이나 ETF부터 시작해 보세요.

정답은 없습니다. 가장 중요한 건 '오늘, 단돈 만 원이라도 시작해 보는 용기'입니다. 두려워하지 마세요. 진짜 가장 큰 위험은, 인플레이션이라는 거대한 파도 앞에서 '아무것도 하지 않는 것'입니다.

5장

돈, 잘 쓰는 게
진짜 재테크다!

 지금까지 우리는 돈을 '모으는 법'과 '불리는 법'에 대해 배웠습니다. 저축과 투자를 통해 재정적인 기반을 만드는 것이 얼마나 중요한지, 그리고 그 과정이 생각보다 어렵지 않다는 것도 함께 느껴보셨을 겁니다. 하지만 여기에 하나 더 중요한 질문을 더해보고 싶습니다.

 "그렇게 모은 돈, 여러분은 어떻게 쓰고 싶은가요?"

잘 쓰는 것도 능력입니다

'절약'과 '재테크'만 강조하는 책이나 강의를 많이 보셨을 겁니다. 하지만 진짜 중요한 건, 그렇게 모은 돈을 어떻게 '잘' 쓰느냐입니다. '돈을 어떻게 잘 쓰느냐'는 단지 생활비 항목을 정리하고, 소비를 통제하는 것을 넘어 '내 삶의 방향과 가치를 어디에 둘 것인가'를 결정하는 행위이기도 합니다.

그래서 잘 쓰는 법을 배우는 건 단순한 지출 기술이 아니라 나답게 살기 위한 훈련이자 진짜 재테크의 완성이라고도 할 수 있습니다.

감정이 만든 소비, 계획이 만든 소비

우리는 종종 감정에 따라 소비합니다. 스트레스를 받아 홧김에 사버린 옷, 외로움에 충동적으로 결제한 배달 음식, 뭔가 뒤처지는 기분에 덜컥 등록해 버린 온라인 강의 등 이런 소비는 당장은 기분을 풀어줄 수 있지만 돌이켜보면 '지갑은 가벼워지고 마음은 더 무거

워지는 소비'일 때가 많습니다.

  반대로, 계획된 소비는 다릅니다.
- 여행을 위해 1년 동안 차곡차곡 모은 돈으로 떠나는 힐링 여행
- 평소 가지고 싶었던 물건을 세 번 이상 고민한 끝에 구매한 순간
- 나를 성장시키기 위해 신청한 교육비
- 좋아하는 친구와 따뜻한 한 끼 식사

  이런 소비는 우리에게 기쁨과 만족감을 남깁니다. 그리고 내 삶을 더 풍요롭게 만들 수 있겠다는 확신도 함께 가져다줍니다.

소비에도 '기획'이 필요하다

  우리는 '돈을 벌기 위해 계획을 세우고', '돈을 모으기 위해 전략을 고민하지만', 정작 '돈을 쓰는 것'에는 아무런 계획도 세우지 않는 경우가 많습니다.

  하지만 소비에도 기획이 필요합니다. 내가 진짜 원

하는 삶을 살기 위해 어떤 소비는 줄이고, 어떤 소비는 더 키워야 하는지 생각해 보는 것이죠. 예를 들어,

– 스트레스를 풀기 위한 무계획한 쇼핑은 줄이고, 몸과 마음의 건강을 위한 자기관리 비용은 늘릴 수 있습니다.
– 습관처럼 써버리는 자잘한 소비를 줄이고, 자신을 위한 정말 필요한 보상 예산을 미리 계획 할 수도 있습니다.

이렇게 소비의 방향성을 바꾸는 것만으로도 우리는 돈을 훨씬 더 '나답게' 사용할 수 있게 됩니다. 돈을 '잘 쓴다'라는 건 결국

– 내 삶의 우선순위를 알고,
– 그것을 위해 의식적으로 돈을 쓰며,
– 나에게 진짜 필요한 것을 구분할 줄 아는 것입니다.

이런 소비 습관이 자리 잡으면 그때부터는 '돈을 아끼는 것'이 아니라 '돈을 나답게 사용하는 것'이 됩니다.

오늘의 작은 실천
'좋은 소비 리스트'를 만들어보세요

지금 바로 노트를 꺼내 '내가 정말 돈을 잘썼다 하는 경험'을 3가지 적어보세요. 그건 고급 레스토랑에서의 식사가 아닐 수도 있고, 3,000원짜리 따뜻한 커피 한 잔일 수도 있습니다. 또는 아이와 함께한 짧은 외출일 수도 있고, 다른 사람을 위한 선물이나 호의일 수도 있습니다. 그리고 왜 그것이 좋았는지, 그 소비가 나에게 어떤 감정과 가치를 주었는지를 함께 적어보세요. 그 순간 당신은 '돈을 잘 쓰는 사람'으로 한 걸음 더 다가가게 될 것입니다.

돈을 잘 모으는 것도 중요하지만, **'돈을 잘 쓰는 것'은 인생을 더 풍요롭게 만드는 힘**입니다. 내 삶의 방향을 잃지 않고, 다른 사람의 삶을 따라가지 않고, 내가 진짜 중요하게 여기는 것을 지키기 위해, 오늘부터 '소비 전략'을 함께 세워볼까요?

6장

기록이
미래를 만든다

밤늦은 시간 침대에 누워, 가만히 통장 앱을 켜봅니다. 숫자는 여전히 건조하지만, 그 안엔 지난 한 달, 내 감정이 고스란히 남아 있죠.

"이날은 야근하고 출출해서 야식을 시켰던 날이네."

"이건 친구 생일이었지. 케이크랑 선물값이네."

숫자는 말이 없지만, 마음은 그때그때의 표정을 기억합니다. 우리가 그동안 배워온 돈 이야기는 사실 감정의 이야기였습니다. 감정이 소비 결정에 영향을 미치고, 습관이 나의 재무 상태를 만들었죠. 이제 마지막 단계에서 우리는 그 모든 것을 '기록'이라는 언어로 묶어낼 차례입니다. 기록은 단순한 메모가 아닙니다.

지금 내 인생의 방향을 눈으로 확인하는 일, 내 안의 불안과 욕망을 조용히 해석하는 일, 그리고 나답게 살아가기 위한 '나만의 통제권'을 설계하는 과정입니다.

종이 한 장의 힘 — 내 돈의 지도를 그리다

'가정경제 파악 시트지'는 거창한 재무설계 도구가 아닙니다. 종이 한 장, 펜 하나로 내 돈의 흐름을 한눈에 그려보는 지도입니다. 그러나 그 지도는 신기하게도, 방향을 잃은 마음을 다시 제자리로 돌려놓습니다.

먼저 큰 강줄기 세 개를 그립니다. 하나는 매달 고정으로 흘러가는 월정기지출, 다른 하나는 그때그때 새어 나가는 월수시지출, 그리고 1년에 몇 번 큰 파도처럼 밀려오는 연지출.

처음에는 숫자들이 복잡하게 얽혀 보입니다. 하지만 몇 줄만 채워도 신기하게, 이 종이는 내 삶의 '패턴'을 드러내기 시작합니다. 어디서 자주 새고, 어디에 마음이 걸리고, 어디서 행복을 느꼈는지. 그 흐름이 눈앞에 선명하게 그려집니다.

별 하나로 기록하는 마음의 날씨

저는 시트지의 여백마다 작은 별을 그립니다. '만족도'라는 이름의 별이죠. 숫자보다 중요한 건 '마음'이니까요. 별 하나(★)는 '후회된다, 괜히 썼다'. 별 다섯(★★★★★)은 '행복했다, 잘 썼다'라는 마음의 기록입니다.

예를 들어, "야근 후 야식 (허기 + 외로움) → 즉석밥과 간단 밀키트 준비, 야식 주 1회로 조정", "친구와 뮤지컬 (설렘 + 충만) → 분기당 1회 예산 늘림"

별과 문장은 단순한 지출 기록이 아닙니다. 그건 '나'라는 사람의 감정 지도이자, 소비를 통해 나를 이해하고 성장시키는 마음 기록이죠.

어떤 별은 지난날의 지친 마음을 담고, 어떤 별은 오늘의 행복을 비춥니다. 그리고 그 별들이 모여, 내가 걸어온 길과 앞으로의 방향을 동시에 비추는 나만의 하늘이 됩니다. 이 하늘을 매달 한 번씩 들여다보는 것, 그것이 진짜 재테크의 시작입니다.

30분 초안, 그리고 7일간의 정리

 기록을 처음 시작하는 날은 완벽할 필요가 없습니다. 오히려 대충이라도, 지금의 나를 '마주하는 것'이 첫걸음입니다. 이렇게 시작하면 좋습니다. 먼저 30분 타이머를 맞춥니다. 그리고 아는 것부터 적습니다. 월세, 통신비, 보험료, 교통비, 구독 서비스 등 쓰다 보면 문득 "아, 이게 이렇게 많았구나" 하고 놀라게 됩니다. 그 순간 이미 첫 변화가 시작된 겁니다. 그다음은 7일간의 짧은 루틴입니다. 매일 5분만 시간을 내세요.

1일 차: 자동이체 내용을 다시 확인합니다.
2일 차: 1년 치 사진 앨범이나 카드 명세를
 넘기며 '연지출'을 떠올립니다.
3일 차: 커피, 배달, 택시 같은 무의식
 '습관 소비'를 다시 계산합니다.
4일 차: 연간 보너스나 환급금처럼
 '변동소득'을 나눠 넣습니다.

5일 차: 별점과 메모를 다시 읽으며
"줄일 것, 유지할 것, 늘릴 것" 정합니다.
6일 차: 월지출 총합을 계산하고,
예산 범위를 설정합니다.
7일 차: 완성된 시트를 사진 찍어
휴대전화 배경 화면으로 설정합니다.

이 7일의 기록은, 단순히 돈의 흐름을 정리하는 일이 아닙니다. 이건 내 삶의 구조와 방향성을 다시 설계하는 시간이에요. 적자와 흑자를 넘어, 내 마음이 어디에 쏠려 있는지를 알아차리는 일입니다.

숫자가 아니라 삶을 설계하는 감각

시트지의 합계가 플러스가 되면 좋고, 마이너스여도 괜찮습니다. 진짜 중요한 건 플러스와 마이너스의 '이유를 아는 것'이죠. 저는 컨설팅 할 때 '돈을 무조건 아껴라.'라고 말하지 않습니다. 그 대신 이렇게 말합니다.

"후회가 남는 소비는 줄이고, 당신을 성장시키는 소비는 더 늘리세요."

어떤 소비는 돈을 줄어들게 하지만, 어떤 소비는 내 안의 '자존감'을 키웁니다. 책 한 권, 강의 하나, 소중한 경험 하나가 그렇습니다. 마음 기록은 그 차이를 알아차리게 합니다. 그리고 한 장의 종이는 조용히 알려줍니다.

'이제 당신의 돈이, 당신의 미래를 향해 움직이고 있어요.'

실수해도 괜찮습니다. 기록하다 보면 자주 틀립니다. 중복 계산도 하고, 빠뜨리기도 하고, 금액이 엉키기도 합니다. 하지만 괜찮습니다. 기록의 장점은, 또다시 쓸 수 있다는 데 있습니다. '오늘은 대충 적었어도 괜찮다. 내일은 한 줄만 더.' 그 마음으로 한 달을 채워보세요. 그러면 어느 날, 숫자가 아니라 '리듬'이 보일 겁니다. 그 리듬이 바로 '나 자신의 경제 패턴'이고, 그 리듬을 조율하는 것이 바로 진짜 재테크입니다.

기록이 만든 변화의 순간

제가 상담했던 한 분은, 첫 시트지에서 –18만 원의 적자를 봤습니다. 그분은 단 세 줄만 고쳤습니다. 통신 요금제를 낮추고, 배달을 주 3회에서 1회로 줄였으며, 하루 두 잔 사 마시던 커피를 텀블러와 회사 탕비실 커피로 대체했습니다. 한 달 후, 수입과 지출의 차는 '0'이 되었고, 그다음 달엔 '+4만 원'이 되었습니다. 그분은 그 돈으로 여행 적금을 자동이체로 걸었습니다. "처음으로 제 통장이 저를 위로해 주는 것 같아요."

그분의 말이 아직도 마음에 남습니다. 숫자보다 따뜻한 변화, 그것이 마음 기록의 힘입니다. 마음 기록은 단지 절약의 도구가 아닙니다. 마음 기록은 나를 이해하는 언어이자, 내 감정을 관리하는 '마음의 시스템'입니다. 이제는 돈을 쫓는 게 아니라, 돈이 나를 돕게 해야 합니다. '가정경제 파악 시트지'는 그 시작점입니다.

한 장의 종이가 당신의 하루를 바꾸고, 하루의 습관이 당신의 미래를 바꿉니다. 오늘 밤, 펜을 들어 한 줄이라도 써보세요. "나는 오늘 어디에 마음을 썼는가?"

그 질문 하나면 충분합니다. 그 순간, 나는 이미 내 돈의 주인이 됩니다. "기록이 미래를 만든다." 이제 이 문장은 구호가 아니라, 내가 직접 살아내는 삶의 지침이 될 것입니다.

	개념	예시
월정기 지출	매월 일정한 날짜에 일정한 금액의 지출이 발생하는 항목	월세/관리비, 통신비, 보험료, 정기 구독, 교통 정기권, 학원비 등
월수시 지출	횟수와 금액이 수시로 발생하고 매월 일정하지 않은 항목	식비, 카페, 간식비, 생활용품, 문화여가, 데이트 비용 등
연지출	매월 발생하는 지출은 아니지만 1년 중 발생하는 지출	경조사, 여행, 자동차세, 건강검진, 기기 교체, 자격증 응시료, 신발이나 잡화 등

에필로그

'나답게 돈 쓰기'라는 작은 혁명

처음, 이 글을 시작할 때, '돈'이라는 주제를 어떻게 하면 말랑말랑하게 풀어낼 수 있을까 고민이 많았습니다. 많은 책들이 돈을 말할 때 수익률, 자산관리, 절약 꿀팁 같은 숫자와 효율의 언어로 가득 차 있기 때문입니다. 그 속에서 저는 '감정'과 '삶의 맥락'이 배제된 채, 누구에게나 똑같은 문제해결 방법을 제시하는 듯한 답답함을 느끼곤 했습니다.

하지만 우리가 만나는 돈의 문제는 결코 숫자만의 문제가 아닙니다. '불안해서 쓰는 소비', '혼자여서 더 외

롭게 느껴지는 장바구니', '스스로가 초라하게 느껴지는 카드 명세서', '앞으로도 나아지지 않을 것 같은 막막함' 이 모든 것은 재테크 기술로 해결되기보다 '나의 삶을 이해하고 돌보는 힘'에서부터 시작되어야 합니다.

이 책은 그런 점에서 '경제적 성과'보다 '감정적 성숙'을 중심에 두고 쓰고 싶었습니다. 내 돈의 흐름을 통해 내 감정을 들여다보고, 나의 소비를 통해 나의 삶을 만나고, 내 기록을 통해 내가 바라는 삶의 방향을 만들어 가는 일. 이 모든 과정이 '나답게 돈 쓰는 일'의 시작이자, 내 삶의 중심을 다시 찾는 아주 작지만 강력한 변화이기 때문입니다.

지금까지 이 여정을 따라와 주신 분들께 진심으로 대단하다는 말을 전하고 싶습니다. 혹시 아직도 어딘가 서툴고, 자신 없고, 계속 흔들리더라도 괜찮습니다. 그건 당신이 아직 '자신을 돌보며 돈을 쓰는 법'을 연습 중이라는 뜻이니까요. 그 여정에는 정답이 없고, 오직 당신의 방법과 경험이 있을 뿐입니다. 앞으로도 지갑을 열기 전 잠깐 멈춰 생각해 보세요.

- 지금, 이 소비는 '내 감정'을 위한 걸까, '타인의 시선'

을 위한 걸까?

- 이 소비는 나를 돌보는 걸까, 나를 힘들게 만드는 걸까?

그 짧은 질문 하나가 당신의 소비를 바꾸고, 당신의 삶을 조금씩 달라지게 할 것입니다. 마지막으로, 당신에게 이렇게 말하고 싶습니다.

"당신의 소비에는 당신의 이야기가 담겨 있습니다."

그 이야기를 잘 들여다보며, 앞으로 더 따뜻하고 단단한 하루를 살아가길 진심으로 응원합니다.

감사합니다.

― 퓨처패러다임, 전명철

특별부록 〈가정경제 파악 시트지〉

□ 월정기지출

구분	지출사항	지출	구분	지출사항	지출
주거비	월세		대출상환	신용대출	-
	관리비			담보대출	-
	전기			기타대출	-
	수도			합계	-
	가스(난방)		공공보험	국민연금	
	렌탈			건강보험료	
				합계	-
	합계	-	민영보험	저축성보험	
통신비	본인휴대폰			보장성보험	
	가족휴대폰			합계	-
	인터넷, TV		회비/기부	모임회비	
	구독서비스			회사회비	
				종교	
	합계	-		기부	
교육비	어린이집,유치원				
	방과후			합계	-
	학습지		기타	신문,우유 등	
	학원				
	과외			합계	-
			저축투자	저축	
	합계	-		투자	
고정된용돈					
				합계	-
			월고정합계		-
	합계	-			

□ 월수시지출

구분	지출사항	지출	구분	지출사항	지출
식비생활용품	대형마트		교통비	본인 대중교통	
	동네마트			가족 대중교통	
	간식(편의점)			주유비	
	배달음식			주차비	
	점심값			택시	
	기호식품			대리운전	
	커피			톨비	
	합계	-		합계	-
문화비	영화/공연		의료비	건강보조식품	
	도서구입			병원비	
	친구			약값	
	데이트				
				합계	-
	합계	-	기타	세탁비	
자녀비용	분유			애견	
	기저귀			피트니스.요가	
	육아도우미			헤어(남성)	
	용돈(수시)				
	학용품				
	교재비				
	책구입			합계	-
			월수시합계		-
	합계	-			
월지출합계 (월고정+월수시)					-

□ 연지출

구분	지출사항	지출	구분	지출사항	지출
자동차유지비	자동차수리비		교육비 (비정기)	등록금	
	자동차세금			소풍/수학여행	
	과태료 등			교재비	
	환경개선부담금			학원/수련회	
	자동차보험료			합계	-
			세금	재산세(7월)	
	합계	-		토지세(9월)	
의료비	가족 의료비			주민세	
	부모님의료비			합계	-
			경조사	지인 경조사	
	합계	-		친인척 경조사	
의류비	본인의류비			부모님생신	
	배우자의류비			가족생일	
	자녀의류비			설 (2월)	
	신발/악세서리			어린이날 (5월)	
	세탁비			어버이날 (5월)	
	합계	-		추석 (9월)	
미용	가족화장품			김장 (11월)	
	헤어(여성)			종교 관련	
	사우나,찜질방			휴가,여행	
	합계	-		합계	
연지출합계		-	월환산액 (연지출합계/12)		
총지출합계 (월고정+월수시+연지출월환산)					-

□ 소득

고정수입			변동수입		
소득종류	소득자	실수령액	소득종류	소득자	실수령액
고정수입 합계			변동수입월환산		
			월평균 수입		

□ 수지차

월평균수입 - 총지출	

□ 무형의 자산

구분		나쁨	나쁜편	좋은편	좋음
건강	가족건강	①	②	③	④
	스트레스	①	②	③	④
미래	직업흥미도	①	②	③	④
	직업안정성	①	②	③	④
	발전가능성	①	②	③	④
관계	남녀관계	①	②	③	④
	가족관계	①	②	③	④
	사회적관계	①	②	③	④

1. 만족스러운 소비항목은?

2. 불만족스러운 소비항목은?

☐ 추천사

작가는 "재테크는 돈을 대하는 우리의 진짜 마음과 습관을 들여다보는 과정에서 시작한다"고 말한다. 기존의 재테크 기술서들에서는 볼 수 없는 독특함이 있다. 돈을 대하는 태도가 곧 자기 자신을 대하는 태도임을, 소비 습관이 결국 자신의 감정 상태를 정직하게 반영하고 있음을 꿰뚫어 본 작가의 깊은 통찰력이 빛을 발한다. 이 책을 읽는다는 것은 결국 나 자신의 마음을 들여다보고, 돈이라는 거울을 통해 스스로를 치유하는 과정이 될 것이다. 돈 때문에 불안했던 당신의 마음을 편안하게 어루만져줄 가장 따뜻한 재테크 가이드다.
- 오도선 소장(오도선머니클리닉)

이 책은 무작정 아끼라는 뻔한 조언이 아니라, '현명하게' 쓰고 불리는 방법을 알려줍니다. 단순한 정보가 아니라 실천 가능한 전략이 담겨 있어, 누구나 쉽게 따라 할 수 있어요. 돈 관리가 막막하고 불안했던 분들에게 이 책은 든든한 나침반이 되어줄 겁니다. 읽는 순간, 돈에 대한 생각이 180도 달라질 거예요!
- 33만 Youtube 크리에이터(경제/자기계발) 엔마드

매달 수입이 늘어나는데도 잔고는 그대로였다. 왜일까? '돈을 모르는 게 문제'가 아니라, '나를 모르는 게 문제'였다는 걸 이 책이 알려줬다. 숫자보다 감정, 재무 전략보다 습관이 먼저였고, 그 모든 선택 뒤에는 무의식이 있었다. 어렵기만 하다고 생각했던 재테크를 따뜻한 에세이처럼 읽고 싶은 분에겐 선물 같은 책이 될 것이다.

– 자기계발 Instagram 채널 〈글로리파이어〉 운영자 / 브랜딩 스튜디오 언코티드 대표 정하영

지구 소확행 시리즈 출간 예정

지구 소확행 시리즈 L
- 밥은 먹고 다니냐?
오행으로 풀어보는 일주일 행복 도시락

지구 소확행 시리즈 U
- 업사이클 뉴노멀,
돈 되는 힙한 반란

지구 소확행 시리즈 F (Finance)

지하철에서 끝장내는 행복 부자 가이드

1쇄 발행 2025년 11월 10일
지은이 전명철
펴낸이 김영경
펴낸곳 쑬딴스북
표지 디자인 이지선
인디자인 인지예

출판등록 제2021-000088호(2021년 6월 22일)
주소 경기도 파주시 탄현면 헤이리마을길 82-91 B동 202호
이메일 fuha22@naver.com

ISBN 979-11-94047-20-9

* 이 책은 저작권법에 따라 보호받는 저작물이므로 무단 전재와 무단 복제를 금지하며,
이 책의 전부 또는 일부를 이용하려면 저작권자와 쑬딴스북의 동의를 받아야 합니다.
* 책값은 뒤표지에 있습니다.
* 잘못된 책은 구입하신 서점에서 바꿔 드립니다.